PAROISSE DE SAINTE-IMOGE

Diocèse de Reims, Canton d'Ay

NOTICE

SUR LE

PÉLERINAGE

à la Sainte Image du Chêne

ET PROCESSION AU CHÊNE A LA VIERGE

le Lundi dans l'Octave de la Nativité

FÊTE PATRONALE 8 SEPTEMBRE

PRIX : **30** CENTIMES

Se vend au profit de l'Œuvre du Pélerinage

IMPRIMERIE COOPÉRATIVE DE REIMS (N. MONCE, Délég.)

24, rue Pluche, 24

1886

NOTICE

SUR LE

PÉLERINAGE

à la Sainte Image du Chêne

ET PROCESSION AU CHÊNE A LA VIERGE

le Lundi dans l'Octave de la Nativité

FÊTE PATRONALE : 8 SEPTEMBRE

PRIX : **30** CENTIMES

Se vend au profit de l'Œuvre du Pélerinage

IMPRIMERIE COOPÉRATIVE DE REIMS (N. MONCE, Délég.)

24, rue Pluche, 24

1886

Permis d'imprimer.

Reims, le 7 Juillet 1886

PÉCHENARD,
Vicaire général.

PÉLERINAGE

A LA

SAINTE IMAGE DU CHÊNE

Fête patronale le 8 Septembre, Nativité de la T. S. Vierge

I. — Origines de la Sainte Image du Chêne.

Au diocèse de Reims, canton d'Ay (Marne), Châtelain, en son Martyrologe français, parle d'une *Sainte Image miraculeuse* existant dans un chêne de la forêt de Reims, depuis une époque si reculée qu'elle a fini par imposer au village le plus rapproché son nom de *Sancta-Imago*, et dont le peuple a fait par corruption *Saint-Imôge*. Cette Sainte Image est si antique et si vénérée, que cette partie de la forêt a été appelée et s'appelle encore le *Bois de Notre-Dame*, et qu'elle fut choisie officiellement pour patronne de la paroisse en remplacement de saint Jacques, qui, d'après l'indication du Pouillé en 1306, en était le patron primitif. La fête de cette Sainte Image se célèbre en ce village le 8 Septembre, Nativité de la Très Sainte Viérge, indiquée comme patronne par le Pouillé de Bauni, rédigé en 1777. « La Madone miraculeuse, ajoute dom Noël, aura donc fini par l'emporter sur saint Jacques, dans la vénération du peuple, et à une époque inconnue, après 1306, la substitution se sera accomplie légalement en vertu de la coutume, et c'est ainsi que la Vierge du Chêne est devenue la patronne définitive.

II. — Bénédiction du Chêne actuel et d'une nouvelle Statuette.

Le Chêne, dit le *Chêne à la Vierge*, existe toujours et est situé sur le bord de la grande route de Reims à Epernay (Givet à Orléans), à 1 kilomètre du village de Sainte-Imoge ; une grande dévotion des pèlerins est d'en enlever l'écorce, ce qui finit par le faire périr et oblige alors à le remplacer, chaque fois, par le chêne le plus rapproché, sur lequel on transporte la Sainte Image après l'avoir bénit.

Le Chêne actuel, bénit très solennellement, le 7 novembre 1880, par son Excellence Monseigneur Langénieux, Archevêque de Reims, porte depuis cette date une nouvelle statuette dorée de la Vierge-Mère, laquelle remplace ainsi la Sainte Image (1) miraculeuse qui est pieusement conservée en l'église paroissiale, dans un magnifique reliquaire en forme d'un petit chêne artistement sculpté, riche don des propriétaires fonciers dont les noms, cités en cette brochure, sont conservés dans les archives de la paroisse.

Cette antique Statue (1) est devenue l'objet d'un pèlerinage public déjà célèbre dans la contrée et très fréquenté, le Lundi dans l'octave de la fête de la Nativité de la Sainte Vierge (Septembre).

* * *

III. — Procès-verbal de la Bénédiction du Chêne à la Vierge, et établissement d'un Pélerinage annuel et public, 7 Novembre 1880.

« L'an mil huit cent quatre-vingt, le Dimanche « septième jour du mois de Novembre, en pré- « sence d'une foule très nombreuse de fidèles

---

(1) Cette statuette porte le cachet du commencement du XIV° siècle.

« accourus de toute la contrée voisine, *Son*
« *Excellence Monseigneur Langénieux, Arche-*
« *vêque de Reims*, a béni solennellement un
« nouveau Chêne à la Vierge entouré d'une
« grille en fer pourvue d'un tronc, ainsi qu'une
« nouvelle Statue dorée, l'un et l'autre, dons de
« la Métropole de Reims.

« Cette nouvelle Statue dorée fut placée sur le
« Chêne bénit, dans une élégante niche de
« cuivre rouge bronzé; elle remplace ainsi la
« *Sainte Image,* antique petite statuette, qui
« sera recueillie et précieusement conservée,
« en l'église paroissiale, dans un reliquaire, et
« sera, chaque année, exposée à la vénération,
« des fidèles, pendant l'Octave de la Nativité de
« la Sainte Vierge (8 septembre), et l'objet d'un
« pélerinage public le Lundi de l'Octave.

Fait et dressé à Sainte-Imoge, le 7 Novembre
1880.

    † BENOIT-MARIE, *Archevêque de Reims.*
    P.-L. PÉCHENARD, *Vic. gén., Archid. de S.-Remi.*
    P. JUILLET, *Vic. gén., Doyen du Chapitre.*
    A. ROBERT, *Doyen d'Ay.*
    MANCEAUX, *Curé d'Hautvillers.*
    DOCQ, *Curé de Germaine.*
    COQUISART, *Curé de Dizy.*
    CH. BRUNCLER, *Curé de Sainte-Imoge.*
        Etc., etc., etc.

Bienfaiteurs de l'église et Donateurs insignes du Reliquaire

MM. Comte Alfred WERLÉ et Madame.

Comte Paul CHANDON DE BRIAILLES, Madame et Mesdemoiselles.

Gaston CHANDON DE BRIAILLES.

Comte René DE BRIAILLES.

Comte DE MAREUIL, Madame et Mademoiselle.

Raoùl CHANDON DE BRIAILLES et Madame.

Jean CHANDON DE BRIAILLES.

Paul GRAVET.

LE VAVASSEUR DE PRÉCOURT, de Paris.

H. LÉPAUL et Madame.

Adrien MOREAU et Madame.

Madame Ve Gustave MOREAU.

Madame la Comtesse DE CHAMISSO.

DEUIL.

MASSEAUX et Madame PRÈT-MASSEAUX.

Alexandre FÉRY et Madame.

Etienne VILLIN.

Alfred AUBERT et Madame.

PHILIPPONAT-LECLERC et Madame.

Mère SAINTE-URSULE.

BESSERAT et Madame.

Henry SUTAINE et Madame.

Etc., etc.

Nota. — Les noms des autres Donateurs sont conservés précieusement dans les Archives de la Paroisse.

Le BULLETIN DU DIOCÈSE DE REIMS publiait, le 19 Février 1881, l'article suivant :

Paroisse de Sainte-Imoge. — *La Vierge au Chêne.* — Pour répondre à une inspiration pieuse et toute rémoise, éclose à l'ombre du tombeau si vénéré de saint Remy, en même temps qu'aux vœux de la population, il sera prochainement établi, avec les dons volontaires qui arrivent de toutes parts au presbytère de Sainte-Imoge :

1° Un Reliquaire, forme d'un chêne, pour y recueillir et conserver la *Sainte Image*, petite statuette antique trouvée dans le cœur d'un chêne, et très vénérée dans la Montagne de Reims, et que Dom Noël, avec Châtelain en son Martyrologe français, appelle la Madone miraculeuse ;

2° Un Pélerinage annuel en la Fête patronale, 8 septembre, pour la vénération de cette Sainte Image.

A cette occasion, on nous communique l'allocution encore toute de circonstance adressée par le curé de Sainte-Imoge, le 7 Novembre dernier, à Son Excellence Monseigneur l'Archevêque, à l'occasion de la Bénédiction solennelle d'un nouveau Chêne.

Voici cette allocution :

« MONSEIGNEUR,

« Quand l'envoyé du Très-Haut, l'Archange
« Gabriel, eut annoncé à la Vierge de Nazareth
« le choix que Dieu avait fait d'Elle pour être
« la Mère du Rédempteur, dès ce moment,
« avec l'*Ave Maria*, commença pour les enfants
« d'Adam une ère nouvelle, l'ère du salut ; —
« un nouveau soleil, le soleil de justice, brilla
« sur le monde ; — un nouveau règne allait
« apparaître, celui de la fraternité chrétienne ;
« et tout-à-coup une joie universelle remplit
« tous les cœurs : *Gaudium annuntiavit uni-*
« *verso mundo.* L'ancien monde attendait avec
« impatience cette ère nouvelle et ce nouveau
« Soleil.

« Dès lors, Elle est trouvée, *cette Femme*
« *incomparable* annoncée après la chute origi-
« nelle comme devant briser la tête du serpent
« imposteur !.. *cette Vierge* qu'Isaïe a vue
« sortir de la Tige de Jessé, comme un rameau
« miraculeux d'où s'élève une Fleur merveil-
« leuse, et dont le Fils sera appelé *Emmanuel*,
« c'est-à-dire Dieu avec nous !.. *ce Prodige*
« *nouveau* créé par le Seigneur, révéré par
« Jérémie et chanté par les Prophètes de
« l'antique Alliance !.. cette *Vierge de béné-*

« *diction* devant qui l'Archange prosterné
« s'écrie : « *Je vous salue, je vous révère, ô*
« *pleine de grâce !.. Vous êtes bénie entre*
« *toutes les femmes !..* »
« J'ai nommé *Marie*, et avec l'Archange
« Gabriel, l'Envoyé du Ciel, et avec sainte
« Elisabeth, c'est-à-dire avec Dieu, avec les
« Anges et avec les hommes, nous la saluons
« nous aussi : *Pleine de grâce et bénie entre*
« *toutes les créatures.*

« Avec tous les siècles écoulés nous la véné-
« rons comme la Mère de Dieu ; — avec
« l'Eglise universelle nous la proclamons *Im-*
« *maculée* dans sa conception ; et avec Votre
« Excellence, Monseigneur, nous nous récla-
« mons tous de sa puissante protection, et
« pour l'Eglise et pour la France, ces deux
« Mères si chères à nos cœurs, ces deux
« Patries inséparables dans nos affections les
« plus impérissables !..
« Il y a bientôt dix-neuf cents ans, Monsei-
« gneur, que cette Vierge sublime, la Reine
« des Prophètes, prédisait elle-même ses fu-
« tures grandeurs : « *Voilà*, dit-elle en son can-
« tique *Magnificat, voilà que toutes les géné-*
« *rations me rediront Bienheureuse!* » et bientôt
« depuis dix-neuf cents ans, parmi les miracles,
« quel miracle éblouissant de clarté! C'est

« Marie que révèrent, qu'implorent la mère de
« famille, la veuve et l'orphelin, le pauvre et
« le mendiant, l'artiste et le soldat, l'enfant et
« le vieillard ! Les chefs chrétiens des nations
« la proclament leur Reine, les peuples leur
« Souveraine! Chaque âge qui passe constate
« le triomphe et l'accomplissement de cette
« prophétie, sur tous les continents, sur les
« rivages les plus lointains, sur les îles les plus
« barbares des mers, comme sur notre chère
« France d'où retentit de par le monde entier
« un nom aimé de votre Excellence, le nom si
« éclatant de Notre-Dame de Lourdes ! et où,
« *si licet parva componere magnis*, dans ce
« petit coin de terre de votre grand diocèse, la
« génération passée apprend à la génération
« qui succède à redire un nom bien cher à
« cette paroisse, et devenu bientôt cher aussi à
« votre cœur d'Archevêque : *Le Chêne à la*
« *Vierge ! — La Sainte Image !*
   « *La Sainte Image !* Ah ! il y a bien des
« âges, Monseigneur, que votre grande et
« antique Métropole de Reims lui donne asile
« à l'ombre de ses forêts ! — Cette statuette,
« témoin de la foi de nos pères comme de leurs
« pénibles labeurs, a vu passer à ses pieds bien
« des infortunes suppliantes et bien des gran-
« deurs déchues ; les puissants du monde se

« rendant à la ville du sacre ; — les guerriers
« volant à la frontière ; — les chefs d'Etat
« allant saluer les successeurs de saint Remy.
« — Les grands de la terre l'ont tous saluée en
« passant, et tous sont disparus de la scène du
« monde ; mais cette Sainte Image est restée
« debout. Grâces en soient rendues et à votre
« Excellence et à la Fabrique de l'Eglise Mé-
« tropolitaine, cette Statuette que vous allez
« bénir va reprendre sa place séculaire, con-
« tinuer l'antique tradition et relier les siècles
« futurs aux siècles passés ! — Ce Chêne que
« vous allez consacrer va devenir encore et
« pour longtemps le Chêne à la Vierge. — La
« Sainte Image continuera à accomplir la
« prophétie glorieuse à travers les siècles et à
« faire tomber encore les petits et les grands,
« les riches et les pauvres aux pieds de Marie,
« l'Immaculée Mère de Dieu, et à faire redire
« par tous avec l'Ange : **Ave Maria**.

« Il me semble, Monseigneur, que de ce jour
« solennel date, pour la paroisse de la Sainte
« Image, une ère nouvelle et se forme, avec
« Votre Excellence et la généreuse Fabrique
« de la Métropole, un doux lien : d'une part une
« protection bienveillante et paternelle, *susce-*
« *pit Israel puerum suum, recordatus miseri-*

« *cordiœ suœ ;* d'autre part la profonde recon-
« naissance de nos cœurs !

« Placée plus que jamais sous la protection
« de cette Sainte Image, la paroisse apprendra
« de plus en plus de son Auguste Patronne :

« A bénir *la Toute-Puissance de Dieu,* qui
« a regardé la bassesse de sa servante, l'a
« choisie pour être la Mère de son Fils, a mul-
« tiplié en Elle de grandes choses, et qui a
« déployé la force de son bras pour dissiper
« *les Superbes* avec les pensées de leurs cœurs !

« *A bénir sa Miséricorde,* qui se répand
« d'âge en âge sur ceux qui le craignent !

« *A bénir sa Justice,* qui dépose les puissants
« de leurs trônes et élève les humbles !

« *A bénir sa Providence,* qui remplit de biens
« ceux qui étaient affamés, et renvoie les mains
« vides ceux qui étaient riches !

« A chanter enfin comme Elle, avec l'âme,
« le *Magnificat* de la reconnaissance envers
« Votre Excellence qui, prenant sous son égide
« cette Sainte Image et Israël son serviteur,
« est venue, au nom du Seigneur, répandre ses
« bénédictions et celles de l'Eglise sur l'Image
« de la Mère de Dieu, sur son Trône rustique,
« et sur cette humble, mais heureuse paroisse
« qui ne l'oubliera jamais !

« Aussi entendez, Monseigneur, cette hymne,

« cette prière et ce cri qui s'échappent de nos
« cœurs : *Magnificat* : Mon âme glorifie le Sei-
« gneur ! — Béni soit celui qui vient en son
« nom ! *Benedictus qui venit in nomine Domini !*
« Que Dieu multiplie les années de son ponti-
« ficat : *Ad multos annos ! ad multos annos !!* »

Monseigneur l'Archevêque de Reims accorde une Indulgence de 40 jours à ceux qui diront à genoux un PATER et un AVE aux pieds de la Sainte Image du Chêne.

PRIÈRE A LA VIERGE DU CHÊNE

Notre-Dame du Chêne, ô Marie, nous venons de loin pour vous honorer et vous invoquer aux pieds de cette Sainte Image, témoin de la foi et de la piété de nos pères ! Là où tant de fois le pieux pèlerin a ressenti les effets de votre bonté et de votre puissance ! Nous avons parcouru avec allégresse la distance qui nous séparait de ce saint lieu ; car nous aussi nous venons vous demander des grâces, et nous espérons que vous serez bonne pour nous, comme vous l'avez toujours été pour tous ceux qui, dans tous vos sanctuaires, vous implorent avec confiance.

Oui! nous l'espérons tous, chaque heure de ce jour nous apportera une bénédiction nouvelle : notre départ, — notre pieux voyage, — notre arrivée, — notre retour, — tout sera béni de vous !

Mais vous savez la grâce spéciale dont j'ai mis ce matin le désir au fond de mon cœur, et qui a été ma prière et l'élévation de mon âme vers vous, à tous les instants de ce jour. Je vous conjure de l'exaucer. Ne souffrez pas, ô Notre-Dame du Chêne, ô Marie, ô Notre Mère, qu'aucun de vos enfants ici présents puisse vous dire : « Je vous ai invoquée au lieu béni où vous vous plaisiez à exaucer les prières des siècles passés, et vous n'avez pas eu pour moi de bénédictions. » Non, non, mais vous exaucerez toutes nos prières, toutes les prières de ces pieux pèlerins qui vous aiment et vous révèrent, et tous nous nous en retournerons :

« Avec un nouveau bienfait de vous à publier !

« Avec un nouveau motif de nous confier à votre miséricorde !

« Avec un nouveau lien d'amour qui nous

attache tous encore plus à vous ! et en chantant sans cesse avec reconnaissance les miséricordes du Seigneur.

« *Misericordias Domini in æternum cantabo.* (Ps. 88.) — Ainsi soit-il !

Cantique à la Sainte Image du Chêne

Refrain.

Ave, Ave, Ave, Maria.
Ave, Ave, Ave, Maria.

1. O Vierge du Chêne,
Vois à tes genoux,
Un peuple qui t'aime,
Daigne prier pour nous.

2. Image chérie !
Nom mélodieux !
Du pèlerin qui prie,
Exauce les vœux.

3. Du trône rustique
Aimé de nos pères,
Reine magnifique,
Entends nos prières.

4. Image du Chêne,
Patronne de ces lieux,
Le peuple qui t'aime
Est aimé des Cieux.

5. Au Chêne à la Vierge
Oh ! incline-toi :
La Vierge fidèle
Bénira ta foi.

6. Saint Jacques l'apôtre [1]
S'efface devant toi ;
Au pays s'impose
Ton nom qui fait loi.

7. Un souffle de grâce
Pousse vers ce lieu ;
Ce souffle qui passe
Est celui de Dieu.

8. Du Chêne sainte Image
Bénis les pèlerins ;
A tous fais la grâce
D'être un jour des saints.

9. Heureux qui voyage
En ces lieux bénis !
On y prend passage
Pour le Paradis.

10. Image bénie !
Si chère à nos pères,
La France te prie.
Exauce ses prières.

11. La France guerrière
Passa devant toi,
Volant à la frontière
Défendre sa foi.

12. Vierge d'espérance !
A notre secours !
Ah ! sauve la France !
Aime-la toujours !

13. Reçois la prière
Des pèlerins croyants ;
Montre-toi leur mère,
Fais-en tes enfants.

14. Très sainte Patronne,
Reçois notre amour ;
Qu'à chacun Dieu donne
Son ciel en retour !

1. Saint Jacques était le patron du village en 1306.

OFFICES

DE LA

NATIVITÉ DE LA B. VIERGE MARIE, Patronne

1ʳᵉ Classe.

PRIÈRE AVANT LA SAINTE MESSE

O DIEU, qui avez consommé sur le Calvaire le sacrifice de notre rédemption, et qui voulez bien le renouveler encore tous les jours sur nos autels, accordez-moi, je vous prie, d'assister à cet auguste sacrifice avec tant d'attention, de foi et de piété, que j'obtienne de votre miséricorde les grâces que vous aimez à répandre sur vos fidèles adorateurs. AINSI SOIT-IL.

Le Prêtre, au pied de l'autel, fait le signe de la croix et dit :

AU nom du Père, et du Fils, et du Saint-Esprit. Ainsi soit-il.

Je m'approcherai de l'autel de Dieu.

℟. Du Dieu qui remplit mon âme d'une joie toujours nouvelle.

Jugez-moi, Seigneur, et séparez ma cause de celle des impies : délivrez-moi de l'homme injuste et trompeur.

℟. Car vous êtes ma force, ô mon Dieu : pourquoi m'avez-vous repoussé ?

IN nomine Patris, et Filii, et Spiritus sancti. Amen.

Introibo ad altare Dei.

℟. Ad Deum qui lætificat juventutem meam.

Judica me, Deus, et discerne causam meam de gente non sancta : ab homine iniquo et doloso erue me.

℟. Quia tu es, Deus, fortitudo mea : quare me repulisti, et quare tristis incedo, dum affligit me inimicus ?

Emitte lucem tuam, et veritatem tuam : ipsa me deduxerunt et adduxerunt in montem sanctum tuum, et in tabernacula tua.

℟. Et introibo ad altare Dei : ad Deum qui lætificat juventutem meam.

Confitebor tibi in cithara, Deus, Deus meus : quare tristis es, anima mea, et quare conturbas me ?

℟. Spera in Deo, quoniam adhuc confitebor illi : salutare vultus mei, et Deus meus.

Gloria Patri, et Filio, et spiritui sancto.

℟. Sicut erat in principio, et nunc, et semper, et in sæcula sæculorum. Amen.

Introibo ad altare Dei.

℟. Ad Deum qui lætificat juventutem meam.

Adjutorium nostrum in nomine Domini,

℟. Qui fecit cœlum et terram.

et pourquoi me laissez-vous dans la tristesse, et opprimé par mon ennemi ?

Faites luire sur moi votre lumière et votre vérité; qu'elles me conduisent sur votre montagne sainte et dans vos tabernacles.

℟. Et je m'approcherai de l'autel de Dieu, du Dieu qui remplit mon âme d'une joie toujours nouvelle.

Je chanterai vos louanges sur la harpe, ô Seigneur mon Dieu : pourquoi êtes-vous triste, ô mon âme, et pourquoi me troublez-vous ?

℟. Espérez en Dieu, car je lui rendrai encore mes actions de grâces ; il est mon Sauveur et mon Dieu.

Gloire au Père, et au Fils, et au Saint-Esprit.

℟. Maintenant et toujours, comme dès le commencement et dans les siècles des siècles. Ainsi soit-il.

Je m'approcherai de l'autel de Dieu.

℟. Du Dieu qui remplit mon âme d'une joie toujours nouvelle.

Notre secours est dans le nom du Seigneur,

℟. Qui a fait le ciel et la terre.

Le Prêtre dit le Confiteor, *et l'on répond :*

MISEREATUR tui omnipotens Deus, et dimissis peccatis tuis perducat te ad

QUE le Dieu tout-puissant vous fasse miséricorde, et qu'après vous avoir pardonné vos péchés, il vous conduise à la vie éternelle.

℟. Ainsi soit-il.

Je confesse à Dieu tout-puissant, à la bienheureuse Marie toujours vierge, à saint Michel Archange, à saint Jean-Baptiste, aux Apôtres saint Pierre et saint Paul, à tous les Saints, et à vous, mon Père, que j'ai beaucoup péché par pensées, par paroles et par actions : c'est ma faute, c'est ma faute, c'est ma très-grande faute. C'est pourquoi je supplie la bienheureuse Marie toujours vierge, saint Michel Archange, saint Jean-Baptiste, les Apôtres saint Pierre et saint Paul, tous les Saints, et vous, mon Père, de prier pour moi le Seigneur notre Dieu.

vitam æternam.

℟. Amen.

Confiteor Deo omnipotenti, beatæ Mariæ semper Virgini, beato Michaeli Archangelo, beato Joanni Baptistæ, Sanctis Apostolis Petro et Paulo, omnibus Sanctis, et tibi, Pater, quia peccavi nimis, cogitatione, verbo et opere : mea culpa, mea culpa, mea maxima culpa. Ideo precor beatam Mariam semper virginem, beatum Michaelem Archangelum, Beatum Joannem Baptistam, sanctos apostolos Petrum et Paulum, omnes Sanctos, et te, Pater, orare pro me ad Dominum Deum nostrum.

Le Prêtre prie pour les assistants et pour lui-même.

Que le Dieu tout-puissant vous fasse miséricorde, et qu'après vous avoir pardonné vos péchés, Il vous conduise à la vie éternelle.

℟. Ainsi soit-il.

Misereatur tui omnipotens Deus, et dimissis peccatis tuis, perducat te ad vitam æternam.

℟. Amen.

Que le Seigneur tout-puissant et miséricordieux nous accorde le pardon, l'absolution et la rémission de nos péchés.

℟. Ainsi soit-il.

℣. O Dieu, vous vous tournerez vers nous, vous

Indulgentiam, absolutionem et remissionem peccatorum nostrorum tribuat nobis omnipotens et misericors Dominus.

℟. Amen.

℣. Deus, tu conversus vivificabis nos.

℟. Et plebs tua lætabitur in te.

℣. Ostende nobis, Domine, misericordiam tuam. ℟. Et salutare tuum da nobis.

℣. Domine, exaudi orationem meam. ℟. Et clamor meus ad te veniat.

℣. Dominus vobiscum, ℟. Et cum spiritu tuo.

nous rendrez la vie.

℟. Et votre peuple se réjouira en vous.

℣. Montrez-nous, Seigneur, votre miséricorde. ℟. Et donnez-nous votre salut.

℣. Seigneur, écoutez ma prière. ℟. Et que mes cris s'élèvent jusqu'à vous.

℣. Le Seigneur soit avec vous. ℟. Et avec votre esprit.

Prière quand le Prêtre monte à l'autel.

ÉLOIGNEZ de nous, Seigneur, tout ce qui pourrait nous éloigner de votre sanctuaire. Quelque indignes que nous soyons d'y entrer, nous sommes pourtant la postérité légitime et les restes vivants des saints dont les reliques précieuses reposent ici sur votre autel. Donnez à l'ardeur de leurs prières ce que vous devriez refuser à la tiédeur des nôtres, et accordez à leurs services, qui vous furent si agréables, le pardon que nos offenses ne sauraient mériter.

INTROÏT

SALVE, sancta Parens, enixa puerpera Regem, qui cœlum terramque regit in sæcula sæculorum. *Ps.* Eructavit cor meum verbum bonum : dico ego opera mea Regi.

℣. Gloria Patri. Salve, sancta Parens.

Kyrie, eleïson.

Christe, eleïson.

Kyrie, eleïson.

GLORIA in excelsis Deo, et in terrâ pax homini-

JE vous salue, ô Mère sainte, qui avez enfanté le Roi qui gouverne le ciel et la terre dans tous les siècles. *Ps.* Mon cœur a proféré avec joie une heureuse parole : c'est au Roi que s'adressent mes chants.

℣. Gloire au Père. Je vous salue.

Seigneur, ayez pitié de n.

Jésus-Christ, ayez pitié de nous.

Seigneur, ayez pitié de n.

GLOIRE soit à Dieu au plus haut des cieux, et paix

sur la terre aux hommes de bonne volonté. Nous vous louons. Nous vous bénissons. Nous vous adorons. Nous vous glorifions. Nous vous rendons grâce dans la vue de votre gloire infinie, ô Seigneur Dieu ! roi du ciel, Dieu Père tout-puissant : ô Seigneur ! Fils unique de Dieu, Jésus-Christ, Seigneur Dieu, Agneau de Dieu, Fils du Père, vous qui effacez les péchés du monde, ayez pitié de nous. Vous qui effacez les péchés du monde, recevez notre prière. Vous qui êtes assis à la droite du Père, ayez pitié de nous. Car vous êtes le seul Saint, le seul Seigneur, le seul Très-Haut, ô Jésus-Christ, avec le Saint-Esprit, en la gloire de Dieu le Père.

Ainsi soit-il.

Que le Seigneur soit avec vous,

℟. Et avec votre esprit.

bus bonæ voluntatis. Laudamus te. Benedicimus te. Adoramus te. Glorificamus te. Gratias agimus tibi propter magnam gloriam tuam, Domine Deus, rex cœlestis, Deus pater omnipotens, Domine, Fili unigenite, Jesu Christe ; Domine, Deus, Agnus Dei, Filius Patris. Qui tollis peccata mundi, miserere nobis, qui tollis peccata mundi, suscipe deprecationem nostram. Qui sedes ad dexteram Patris, miserere nobis. Quoniam tu solus Sanctus, tu solus Dominus, tu solus Altisimus, Jesu Christe, cum sancto Spiritu, in gloria Dei Patris.

Amen.

Dominus vobiscum,

℟. Et cum spiritu tuo.

COLLECTE

Daignez, Seigneur, accorder à vos serviteurs le don de la grâce céleste, afin que la solennité de la Nativité de la sainte Vierge, dont l'enfantement a été pour nous le principe du salut, nous obtienne un accroissement de paix. Par N.-S. J.-C.

ÉPITRE

Lecture du Livre de la Sagesse. — Prov., ch. 8.

LE Seigneur m'a possédée au commencement de ses voies : j'étais avant qu'il formât aucune créature. Je suis de toute éternité, avant que la terre fût créée. Les abîmes n'étaient pas encore, et déjà j'étais conçue ; les fontaines n'étaient pas encore sorties de la terre, la pesante masse des montagnes n'était pas encore formée ; j'étais enfantée avant les collines. Il n'avait créé ni la terre, ni les fleuves, ni affermi le monde sur ses pôles. Lorsqu'il préparait les cieux, j'étais présente ; lorsqu'il environnait les abîmes de leurs bornes, et qu'il leur prescrivait une loi inviolable ; lorsqu'il affermissait l'air au-dessus de la terre, et lorsqu'il donnait leur équilibre aux eaux des fontaines ; lorsqu'il renfermait la mer dans ses limites, et lorsqu'il imposait une loi aux eaux afin qu'elles ne passassent point leurs bornes ; lorsqu'il posait les fondements de la terre, j'étais avec lui, et je réglais toutes choses.

J'étais chaque jour dans les délices, me jouant sans cesse devant lui, me jouant dans le monde : mes délices sont d'être avec les enfants des hommes. Ecoutez-moi donc maintenant, mes enfants. Heureux ceux qui gardent mes voies ! Ecoutez mes instructions, soyez sages, et ne les rejetez point. Heureux celui qui m'écoute, qui veille tous les jours à l'entrée de ma maison, et qui se tient à la porte. Celui qui m'aura trouvée trouvera la vie, et il puisera le salut dans la bonté du Seigneur.

Graduel. Benedicta et venerabilis es, Virgo Maria, quæ, sine tactu pudoris, inventa es Mater Salvatoris.

℣. Virgo Dei Genitrix, quem totus non capit orbis, in tua se clausit viscera factus homo.

Alleluia, alleluia.
℣. Felix es, sacra Virgo Maria, et omni laude dignissima ; quia ex te ortus est sol justitiæ Christus Deus noster. Alleluia.

Graduel. Vous êtes bénie et digne de toute vénération, ô Vierge Marie, qui, sans que votre virginité ait reçu aucune atteinte, êtes devenue la mère du Sauveur.

℣. Vierge mère de Dieu, celui que le monde entier ne peut contenir a bien voulu, en se faisant homme, se renfermer dans votre sein.
Alleluia, alleluia.
℣. Vous êtes bienheureuse, ô Marie, Vierge sainte, et digne de toute louange ; car de vous est sorti le Soleil de justice, Jésus-Christ notre Dieu. Alleluia.

PROSE

Nous solennisons le jour qui est le principe de notre joie, le jour qui annonce notre salut.

Le moment qui donne naissance à la Vierge Marie, nous promet un Homme-Dieu ; celui que nous attendons va paraître.

Le Dieu de toute grâce préside à la naissance de celle qu'il choisit pour être sa mère.

Le soleil de justice orne la maison qu'il veut habiter, et d'où il vient se rendre visible aux hommes.

De quelle lumière brille ce vase de gloire, que Dieu forme pour lui-même !

Que de mystères sont ici cachés ! C'est une petite nuée ; mais elle nous procurera une abondance de pluie, de grâces et de bénédictions.

Vierge sainte et bénie, vous êtes toute pleine de grâces, vous êtes sans aucune tache.

Priez pour nous sans cesse, et, par ce moyen, ouvrez-nous le céleste séjour où vous habitez.

Nous avons, ô Jésus, mérité votre colère : nous vous demandons grâce ; accordez-la aux puissantes prières de votre Mère.

Afin que vous puissiez

Gaudii primordium,
Et salutis nuntium
Diem nostræ canimus.

Quæ dat hora Virginem,
Deum spondet hominem
En venit quem quærimus.

Quam in matrem eligit,
Hujus ortum dirigit
Deus omnis gratiæ.

Domum quam inhabitet,
Mox e qua nos visitet,
Ornat sol justitiæ.

Quot micat luminibus,
Suis Deus usibus
Quod vas fingit gloriæ !

Quot latent miracula!
Fiet hæc nubecula
In vim magnam pluviæ.

Benedicta Filia,
Tota plena gratia,
Tota sine macula.

Cœli quod jam habitas,
Pande nobis semitas,
Prece, Virgo, sedula

Iram promeruimus,
Christe, pacem petimus ;
Hanc da Matris precibus.

Ut in nobis maneas,

Corda nostra præbeas
Pura culpis omnibus.

Amen Alleluia.

demeurer en nous, donnez-nous des cœurs purs et exempts de tous péchés.
Ainsi soit-il Alleluia.

Avant l'Evangile le Prêtre dit :

Dominus vobiscum,

℞. Et cum spiritu tuo.
Initium sancti Evangelii secundùm de Matthæum.

Que le Seigneur soit avec vous,

℞. Et avec votre esprit.
Commencement du saint Evangile selon saint Matthieu.

On répond, en faisant le signe de la Croix sur son front, sur ses lèvres et sur sa poitrine.

Gloria tibi Domine.

Gloire vous soit rendue, ô Seigneur.

ÉVANGILE

Commencement du saint Evangile selon S. Matthieu.
Ch. 1er. -

GÉNÉALOGIE de Jésus-Christ, fils de David, fils d'Abraham. Abraham engendra Isaac : Isaac engendra Jacob : Jacob engendra Juda et ses frères : Juda engendra de Thamar, Pharès et Zara : Pharès engendra Esron : Esron engendra Aram : Aram engendra Aminadab : Aminadab engendra Naasson : Naasson engendra Salmon : Salmon engendra de Rahab, Booz : Booz engendra de Ruth, Obed : Obed engendra Jessé : Jessé engendra David qui fut roi : le roi David engendra Salomon de celle qui avait été femme d'Urie : Salomon engendra Roboam : Roboam engendra Abias : Abias engendra Asa : Asa engendra Josaphat : Josaphat engendra Joram : Joram engendra Osias : Osias engendra Joatham : Joatham engendra Achaz : Achaz engendra Ezéchias : Ezéchias engendra Manassès : Manassès engendra Amon : Amon engendra Josias : Josias engendra Jéchonias et ses frères vers le temps où les Juifs furent transportés à Babylone ; et depuis l'époque de la transmigration à Babylone, Jéchonias engendra Salathiel : Salathiel engendra Zorobabel : Zorobabel engendra Abiud : Abiud engendra Eliacim :

Eliacim engendra Azor : Azor engendra Sadoc : Sadoc engendra Achim : Achim engendra Éliud : Éliud engendra Éléazar : Éléazar engendra Mathan : Mathan engendra Jacob : Jacob engendra Joseph, l'époux de Marie, de laquelle est né Jésus, qui est appelé Christ.

Après l'Evangile on répond :

Louange à vous, Seigneur. | Laus tibi Domine.

JE crois en un seul Dieu, Père tout-puissant, qui a fait le ciel et la terre, et toutes les choses visibles et invisibles. Et en un seul Seigneur, Jésus - Christ, Fils unique de Dieu, et né du Père avant tous les siècles : Dieu de Dieu, lumière de lumière, Dieu véritable qui n'a pas été fait, mais engendré, qui est consubstantiel au Père, et par qui toutes choses ont été faites. Qui est descendu des cieux pour nous, hommes misérables, et pour notre salut. Qui s'est incarné dans le sein de la Vierge Marie, par l'opération du Saint-Esprit *et s'est fait homme.* Qui a été aussi crucifié pour nous, sous Ponce-Pilate ; qui a souffert la mort et a été mis dans le tombeau. Qui est ressuscité le troisième jour, selon les Écritures ; qui est monté au ciel ; qui est assis à la droite du Père ; et qui reviendra accompagné de gloire, pour juger les vivants

CREDO in unum Deum, Patrem omnipotentem, factorem cœli et terræ, visibilium omnium et invisibilium. Et in unum Dominum Jesum Christum, Filium Dei unigenitum, et ex Patre natum ante omnia sæcula : Deum de Deo, lumen de lumine, Deum verum de Deo vero ; genitum non factum, consubstantialem Patri, per quem omnia facta sunt. Qui propter nos homines, et propter nostram salutem, descendit de cœlis. Et incarnatus est de Spiritu Sancto. ex Mariâ Virgine, *et homo factus est.* Crucifixus etiam pro nobis sub Pontio-Pilato, passus et sepultus est. Et resurrexit tertiâ die, secundum Scripturas. Et ascendit in cœlum, sedet ad dexteram Patris. Et iterum venturus est cum gloriâ judicare vivos et mortuos, cujus regni non erit finis. Et in Spiritum Sanctum Dominum, et vivificantem, qui ex Patre Filioque procedit ; qui cum Patre et Filio simul adoratur et conglorificatur, qui locutus est per Prophetas. Et unam sanctam, catholicam et apostolicam Ecclesiam. Confiteor unum baptisma in remissionem peccatorum. Et expecto resurrectionem mortuorum, et vitam venturi sæculi. Amen.

et les morts, et dont le règne n'aura pas de fin. Je crois au Saint-Esprit, qui est aussi Seigneur, et qui donne la vie, qui procède du Père et du Fils ; qui est adoré et glorifié conjointement avec le Père et le Fils ; qui a parlé par les Prophètes. Je crois l'Église qui est une, sainte, catholique et apostolique. Je confesse un baptême pour la rémission des péchés ; et j'attends la resurrection des morts, et la vie du siècle à venir. Ainsi soit-il.

Dominus vobiscum,

℞. Et cum spiritu tuo.

Le Seigneur soit avec vous,

℞. Et avec votre esprit.

Offertoire. Beata es, Virgo Maria, quæ omnium portasti Creatorem : genuisti qui te fecit et in æternum permanes virgo.

Offertoire. Vous êtes heureuse, ô Vierge Marie, qui avez porté le Créateur de toutes choses, qui avez engendré celui qui vous a faite, et qui êtes demeurée toujours vierge.

Prière pendant l'Offertoire.

RECEVEZ, Père adorable, les commencements de notre sacrifice. Ce n'est encore que du pain que nous vous offrons ; mais vous allez en faire cette hostie pure et sans tache qui s'est offerte elle-même à vous, et dont le mérite suffit à tous les fidèles présents ou absents, vivants ou morts.

Ne vous contentez pas, Seigneur, d'avoir uni par votre incarnation votre divinité toute-puissante à notre faible humanité, plus incomparablement que cette eau et ce vin vont être unis ; unissez-vous à chacun de nous en particulier, et unissez-nous tous ensemble à votre Fils et à vous, pour n'en être jamais séparés.

Vous seul pouvez rendre ce calice digne de vous, en le changeant au sang qui peut produire le salut du monde; ce n'est qu'à cette intention que nous le plaçons ici, comme sous les mains de votre toute-puissance.

Si nous ajoutons à ce sacrifice celui d'un cœur contrit et humilié, c'est que vous ne le méprisez jamais, et qu'on ne peut que par là s'appliquer le fruit de la Rédemption.

C'est peu de chose, mais votre puissance peut faire le reste; venez donc bénir et sanctifier des offrandes et des cœurs qui commencent à vous appartenir.

Vous qui daignâtes laver les pieds de vos disciples avant de les appeler à votre sacrifice et à votre table sacrée, lavez-nous plusieurs fois, s'il le faut; lavez-nous : qu'il n'y ait rien ni au corps ni à l'âme qui ne devienne, à vos yeux clairvoyants, plus pur et plus blanc que la neige.

Sainte et adorable Trinité, le moment approche, recevez notre sacrifice. Qu'il ne nous représente pas la mort et la gloire de notre Sauveur sans nous en faire ressentir les effets. Que les saints dont nous y célébrons la mémoire ne nous oublient pas dans le ciel.

Nous offrons de quoi remercier Dieu de leur gloire : qu'ils offrent avec nous de quoi mériter notre salut.

Le Prêtre se tourne vers les assistants et dit :

ORATE, fratres, ut meum ac vestrum sacrificium acceptabile fiat apud Deum Patrem omnipotentem.

℟. Suscipiat Dominus hoc sacrificium de manibus tuis, ad laudem et gloriam nominis sui, ad utilitatem quoque nostram, totiusque Ecclesiæ suæ sanctæ.

Amen.

PRIEZ, mes frères, que mon sacrifice, qui est le vôtre, soit agréable à Dieu le Père tout-puissant.

℟. Que le Seigneur reçoive, s'il lui plaît, de vos mains ce sacrifice, pour l'honneur et pour la gloire de son nom, pour notre utilité particulière et pour le bien de toute son Eglise.

Ainsi soit-il.

Secrète. — Secourez-nous, Seigneur, par l'humanité sainte de votre fils unique ; et comme, en naissant d'une Vierge, il n'a point altéré, mais a conservé la pureté de sa mère, faites que, dans la fête de la Nativité de Marie, ce même Jésus-Christ Notre-Seigneur nous purifie de nos souillures, et vous rende notre oblation agréable. Lui qui, étant Dieu, vit et règne.

PER omnia sæcula sæculorum.

℞. Amen.

℣. Dominus vobiscum.

℞. Et cum spiritu tuo.

℣. Sursum corda.

℞. Habemus ad Dominum.

℣. Gratias agamus Domino Deo nostro.

℞. Dignum et justum est.

VERE dignum et justum est, æquum et salutare, nos tibi semper et ubique gratias agere, Domine sancte, Pater omnipotens, æterne Deus. Et te in Nativitate beatæ Mariæ semper virginis collaudare, benedicere, et prædicare. Quæ et unigenitum tuum sancti Spiritus obumbratione concepit et, virginitatis gloriá permanente, lumen æternum mundo effudit, Jesum Christum Dominum nostrum. Per quem Majestatem tuam laudant Angeli, adorant Dominationes, tremunt Potestates, cœli, cœlorumque Virtutes, ac beata Seraphim socia exsultatione concelebrant. Cum quibus et nostras voces ut admitti jubeas deprecamur, supplici con-

DANS tous les siècles des siècles.

℞. Ainsi soit-il.

℣. Le Seigneur soit avec vous.

℞. Et avec votre esprit.

℣. Elevez vos cœurs.

℞. Nous les avons vers le Seigneur.

℣. Rendons grâces au Seigneur notre Dieu.

℞. Cela est juste et raisonnable.

IL est véritablement juste et raisonnable, il est équitable et salutaire de vous rendre grâces en tous temps et en tous lieux, Seigneur saint, Père tout-puissant, Dieu éternel, de vous louer, de vous bénir et de vous glorifier en ce jour de la Nativité de la bienheureuse Marie toujours Vierge, qui après avoir conçu votre Fils unique par l'opération du Saint-Esprit, mit au monde, en conservant sa virginité sans tache, la lumière éternelle, Jésus-Christ, Notre-Seigneur. C'est par lui que les Anges louent votre Majesté, que les Dominations l'adorent, que les Puissances la révèrent en tremblant, et que les Cieux, les Vertus des Cieux et les bienheureux Séraphins célèbrent ensemble votre gloire, avec des transports de joie. Nous vous prions de permettre que nous unissions nos voix à celle de ces esprits bienheureux, pour chanter avec eux, humblement prosternés.

Saint, Saint, Saint est le Seigneur Dieu des armées. Les cieux et la terre sont remplis de votre gloire : Hosanna au plus haut des cieux. Béni soit celui qui vient au nom du Seigneur : Hosanna au plus haut des cieux.

fessione dicentes.

Sanctus, Sanctus, Sanctus Dominus, Deus sabaoth. Pleni sunt cœli et terra gloria tuâ : Hosanna in excelsis. Benedictus qui venit in nomine Domini : Hosanna in excelsis.

Prières pendant le Canon de la Messe.

Nous vous conjurons au nom de Jésus-Christ votre fils et Notre Seigneur, ô Père infiniment miséricordieux, d'avoir pour agréable et de bénir l'offrande que nous vous présentons, afin qu'il vous plaise de conserver, de défendre et de gouverner votre sainte Église catholique, avec tous les membres qui la composent, le pape, notre évêque, et généralement tous ceux qui font profession de votre sainte foi.

Nous vous recommandons en particulier, Seigneur, ceux pour qui la justice, la reconnaissance et la charité nous obligent de prier ; tous ceux qui sont présents à cet adorable sacrifice, et singulièrement N... et N.... Et afin, grand Dieu, que nos hommages vous soient plus agréables, nous nous unissons à la glorieuse Marie toujours vierge, mère de notre Dieu et Seigneur Jésus-Christ, à tous vos apôtres, à tous les bienheureux martyrs, à tous les saints, qui composent avec nous une même Église.

Que n'ai-je en ce moment, ô mon Dieu, les désirs enflammés avec lesquels les saints Patriarches souhaitaient la venue du Messie ! Que n'ai-je leur foi et leur amour !

Venez, Seigneur Jésus, venez, aimable réparateur du monde, venez accomplir un mystère qui est l'abrégé de toutes vos merveilles. Il vient, cet agneau de Dieu, voici l'adorable victime par qui tous les péchés du monde sont effacés.

A l'Elévation.

VERBE incarné, divin Jésus, vrai Dieu et vrai homme, je crois que vous êtes ici présent, je vous y adore avec humilité, je vous aime de tout mon cœur ; et comme vous y venez pour l'amour de moi, je me consacre entièrement à vous.

J'adore ce sang précieux que vous avez répandu pour tous les hommes, et j'espère, ô mon Dieu, que vous ne l'aurez pas versé inutilement pour moi.

Faites-moi la grâce de m'en appliquer les mérites. Je vous offre le mien, aimable Jésus, en reconnaissance de cette charité infinie que vous avez eue de donner le vôtre pour l'amour de moi.

Suite du Canon

QUELLES seraient donc désormais ma malice et mon ingratitude, si, après avoir vu ce que je vois, je consentais à vous offenser ? Non, mon Dieu, je n'oublierai jamais ce que vous me représentez par cette auguste cérémonie, les souffrances de votre Passion, la gloire de votre Résurrection, votre corps tout déchiré, votre sang répandu pour nous, réellement présent à mes yeux sur cet autel.

C'est maintenant, éternelle majesté, que nous vous offrons de votre grâce, véritablement et proprement, la victime pure, sainte et sans tache, qu'il vous a plu de nous donner vous-même, et dont toutes les autres n'étaient que la figure. Oui, grand Dieu, nous osons vous le dire, il y a ici plus que tous les sacrifices d'Abel, d'Abraham et de Melchisedech, la seule victime digne de votre autel, Notre Seigneur Jésus-Christ votre Fils, l'unique objet de vos éternelles complaisances.

Que tous ceux qui participent ici de bouche ou de cœur à cette victime sacrée soient remplis de sa bénédiction.

Que cette bénédiction se répande, ô mon Dieu, sur les âmes des fidèles qui sont morts dans la paix de l'Église, et particulièrement sur l'âme de N... et de N... Accordez-leur, Seigneur, en vertu de ce sacrifice, la délivrance entière de leurs peines.

Daignez nous accorder aussi un jour cette grâce à nous-mêmes, Père infiniment bon, et faites-nous entrer en société avec les saints apôtres, les saints martyrs et tous les saints, afin que nous puissions vous aimer et vous glorifier éternellement avec eux. Ainsi soit-il.

Dans tous les siècles des siècles. ℞. Ainsi soit-il.	Per omnia sæcula sæculorum. ℞. Amen.
PRIONS	OREMUS
AVERTIS par un commandement salutaire, et suivant la règle divine qui nous a été donnée, nous osons dire :	PRÆCEPTIS salutaribus moniti, et divina institutione formati, audemus dicere :
NOTRE Père, qui êtes aux cieux, que votre nom soit sanctifié : que votre règne arrive : que votre volonté soit faite sur la terre comme au ciel : donnez-nous aujourd'hui notre pain quotidien : et pardonnez-nous nos offenses, comme nous pardonnons à ceux qui nous ont offensés : et ne nous laissez pas succomber à la tentation.	PATER noster, qui es in cœlis, sanctificetur nomen tuum : adveniat regnum tuum : fiat voluntas tua, sicut in cœlo et in terra : panem nostrum quotidianum da nobis hodie : et dimitte nobis debita nostra, sicut et nos dimittimus debitoribus nostris : et ne nos inducas in tentationem.
℞. Mais délivrez-nous du mal.	℞. Sed libera nos a malo.
Ainsi soit-il.	Amen.

Prière après le Pater et pendant que le Prêtre met dans le calice une partie de la sainte hostie.

LES vrais maux, Seigneur, sont ou nos péchés passés, ou nos vices présents, ou les peines de l'autre vie que nous avons tant de fois méritées. Touché de nos prières et de celles de vos saints, délivrez-nous-en, Seigneur, et qu'aucun ne trouble jamais ni notre paix, ni la confiance que nous avons eue. Par J.-C. N.-S.

Que ces divines espèces, dont la séparation représente la mort de votre Fils, puissent, par leur réunion, représenter et opérer notre union présente et éternelle avec vous.

Agnus Dei, qui tollis peccata mundi, miserere nobis.

Agneau de Dieu, qui effacez les péchés du monde, ayez pitié de nous.

Agnus Dei, qui tollis peccata mundi, miserere nobis.

Agneau de Dieu, qui effacez les péchés du monde, ayez pitié de nous.

Agnus Dei, qui tollis peccata mundi, dona nobis pacem.

Agneau de Dieu qui effacez les péchés du monde, donnez-nous la paix.

Prières avant la Communion.

SEIGNEUR Jésus, qui supportez les péchés du monde malgré l'abus de tant de grâces, fixez enfin, par une paix durable, l'œuvre de notre réconciliation. Et pourquoi nous l'avez-vous tant de fois offerte, cette paix précieuse, si ce n'est que vous seul pouvez nous la donner, et qu'elle est l'unique bien que vous ayez promis en cette misérable vie ?

Mais on ne peut l'avoir qu'en observant fidèlement vos commandements, et en ne se séparant jamais de vous; donnez-nous donc et cette attache intime à votre adorable personne, et cette affection invariable à vos saintes lois, qui est la fin et le fruit de votre mission divine.

Mais quel terrible oracle. En participant à votre corps on ne devrait trouver que la vie, et quelquefois on trouve la mort.

Que ferai-je? Je gémirai de n'être pas en état de le recevoir chaque jour, et chaque jour je travaillerai à me rendre plus capable de le recevoir.

Le prêtre, avant de communier, dit trois fois en frappant sa poitrine.

Domine, non sum dignus ut intres sub tectum meum,

Seigneur, je ne suis pas digne que vous entriez dans

ma maison ; mais dites seulement une parole, et mon âme sera guérie.

sed tantum dic verbo, et sanabitur anima mea.

Prière pendant la communion du Prêtre.

QUE ce corps uni à la vie devienne la vie éternelle de nos âmes, et lorsque nous le recevrons, et lorsque nous désirerons le recevoir. Ainsi soit-il

Prière après la communion du Prêtre.

D'UN présent temporel, vous nous avez fait un remède éternel et durable ; qu'il opère en nous, ô mon Dieu, tout ce qu'a prétendu votre amour ; et quand même vous vous seriez retiré d'avec nous, que l'effet de votre présence passée ne cesse point de persévérer dans nos cœurs.

Communion. Heureuses les entrailles de la Vierge Marie, qui ont porté le Fils du Père éternel.

Communion. Beata viscera Mariæ Virginis, quæ portaverunt æterni Patris Filium.

Postcommunion. Nous avons reçu, Seigneur, les sacrements qui vous sont offerts chaque année au jour de cette solennité : faites, s'il vous plaît, qu'ils nous procurent les remèdes nécessaires pour la vie temporelle et pour la vie éternelle. Par N.-S. J.-C.

℣. Le Seigneur soit avec vous,

℟. Et avec votre esprit..
Allez, la Messe est dite.
℟. Grâces soient rendues à Dieu.

℣. Dominus vobiscum,

℟. Et cum spiritu tuo.
Ite, Missa est.
℟. Deo gratias.

Prières avant la bénédiction du Prêtre.

SAINTE et adorable Trinité, c'est par vous que nous avons commencé ce sacrifice, c'est par vous que nous le finissons. Daignez le recevoir avec bonté, et puisque vous êtes un abîme de majesté, soyez aussi un abîme de miséricorde. Nous ne vous quitterons point que vous ne nous ayez bénis.

Le Prêtre bénit les fidèles, en disant :

BENEDICAT vos omnipotens Deus, Pater, et Filius, et Spiritus sanctus.
℟. Amen.

QUE le Dieu tout-puissant, Père, Fils, et Saint-Esprit, vous bénisse.
℟. Ainsi soit-il.

Dominus vobiscum,

℟. Et cum spiritu tuo.
Initium sancti Evangelii secundum Joannem.
℟. Gloria tibi, Domine.

Le Seigneur soit avec vous,

℟. Et avec votre esprit.
Commencement du saint Evangile selon saint Jean.
℟. Gloire à vous, Seigneur.

AU commencement était le Verbe, et le Verbe était en Dieu, et le Verbe était Dieu. Il était dès le commencement en Dieu. Toutes choses ont été faites par lui, et rien de ce qui a été fait n'a été fait sans lui. En lui était la vie, et la vie était la lumière des hommes ; et la lumière luit dans les ténèbres, et les ténèbres ne l'ont pas comprise. Il y eut un homme envoyé de Dieu, qui s'appelait Jean ; il vint pour servir de témoin, pour rendre témoignage à la lumière, afin que tous crussent par lui. Il n'était pas la lumière, mais il était venu pour rendre témoignage à celui qui est la lumière. Le Verbe est cette vraie lumière qui éclaire tout homme venant en ce monde. Il était dans le monde, et le monde a été fait par lui, et le monde ne l'a point connu. Il est venu dans son propre héritage, et les siens ne l'ont pas reçu. Mais il a donné le pouvoir de devenir enfants de Dieu à tous ceux qui l'ont reçu, à ceux qui croient en son nom, qui ne sont pas nés du sang, ni de la volonté de la chair, ni de la volonté de l'homme, mais de Dieu même. ET LE VERBE S'EST FAIT CHAIR, et il a habité parmi nous, plein de grâce et de vérité (et nous avons vu sa gloire, qui est la gloire du Fils unique du Père).

℟. Rendons grâces à Dieu.

VÊPRES

O DIEU, venez à mon aide.

℟. Hâtez-vous, Seigneur, de me secourir.

Gloire au Père, et au Fils, et au Saint-Esprit. Maintenant et toujours, comme dès le commencement, et dans les siècles des siècles. Ainsi soit-il.

Alleluia.

Ant. 1. Célébrons la naissance de la glorieuse vierge Marie, de la race d'Abraham, de la tribu de Juda, de la descendance illustre de David.

DEUS, in adjutorium meum intende.

℟. Domine, ad adjuvandum me festina.

Gloria Patri, et Filio, et Spiritui sancto : sicut erat in principio, et nunc et semper, et in sæcula sæculorum. Amen.

Alleluia.

Ant. 1. Nativitas gloriosæ Virginis Mariæ, ex semine Abrahæ, ortæ de tribu Juda, clara ex stirpe David.

PSAUME 109.

LE Seigneur a dit à mon Seigneur : Asseyez-vous à ma droite,

Et je réduirai vos ennemis à vous servir de marchepied.

Le Seigneur fera sortir de Sion le sceptre de votre règne : dominez au milieu de vos ennemis.

Vous serez reconnu pour roi au jour de votre force, lorsque vous paraîtrez dans l'éclat et dans la splendeur de votre sainteté : je vous ai engendré de mon sein avant l'étoile du matin.

DIXIT Dominus Domino meo : * Sede à dextris meis.

Donec ponam inimicos tuos * scabellum pedum tuorum.

Virgam virtutis tuæ emittet Dominus ex Sion : * dominare in medio inimicorum tuorum.

Tecum principium in die virtutis tuæ in splendoribus Sanctorum : * ex utero ante luciferum genui te.

Juravit Dominus et non pœnitebit eum : * Tu es sacerdos in æternum secundum ordinem Melchisedech.

Dominus à dextris tuis : * confregit in die iræ suæ reges.

Judicabit in nationibus, implebit ruinas : * conquassabit capita in terra multorum.

De torrente in viâ bibet : * propterea exaltabit caput.

Ant. 1. Nativitas gloriosæ Virginis Mariæ. ex semine Abrahæ, ortæ de tribu Juda clara ex stirpe David.

Ant. 2. Nativitas est hodie sanctæ Mariæ Virginis, cujus vita inclyta cunctas illustrat Ecclesias.

Le Seigneur l'a juré, et son serment demeurera immuable : Vous êtes le prêtre éternel selon l'ordre de Melchisédech.

Le Seigneur est à votre droite : il frappera les rois au jour de sa colère.

Il jugera les nations, et les détruira : il brisera sur la terre la tête de plusieurs.

Il boira dans le chemin de l'eau du torrent : et par là il élèvera sa tête.

Ant. 1. Célébrons la naissance de la glorieuse vierge Marie, de la race d'Abraham, de la tribu de Juda de la descendance illustre de David.

Ant. 2. Nous célébrons aujourd'hui la naissance de la Bienheureuse Vierge Marie, dont la glorieuse vie honore toutes les Eglises.

PSAUME 121.

Laudate. pueri, Dominum ; * laudate nomen Domini.

Sit nomen Domini benedictum : * ex hoc nunc et usque in sæculum.

A solus ortu usque ad occasum, * laudabile nomen Domini.

Excelsus super omnes gentes Dominus ; * et super

Louez le Seigneur, vous qui êtes ses serviteurs ; louez le nom du Seigneur.

Que le nom du Seigneur soit béni, maintenant et dans toute l'éternité.

Le nom du Seigneur doit être loué depuis l'orient jusqu'à l'occident.

Le Seigneur est élevé au-dessus de toutes les nations : sa gloire est au-dessus des cieux.

Qui est semblable au Seigneur notre Dieu, qui habite dans un lieu si haut, et qui regarde ce qu'il y a de plus bas dans le ciel et sur la terre.

Qui tire l'indigent de la poussière et relève le pauvre de dessus son fumier.

Pour le placer avec les princes, avec les princes de son peuple.

Qui donne à celle qui était stérile la joie de se voir mère de plusieurs enfants.

Ant. 2. Nous célébrons aujourd'hui la naissance de la bienheureuse Vierge Marie, dont la glorieuse vie honore toutes les Eglises.

Ant. 3. Marie brille par l'éclat d'une race royale : nous demandons instamment qu'elle daigne nous aider par ses prières.

cœlos gloria ejus.

Qui sicut Dominus Deus noster, qui in altis habitat, * et humilia respicit in cœlo et in terrâ ?

Suscitans à terrâ inopem :* et de stercore erigens pauperem.

Ut collocet eum cum principibus, * cum principibus populi sui.

Qui habitare facit sterilem in domo,* matrem filiorum lætantem.

Ant. 2. Nativitas est hodie sanctæ Mariæ Virginis, cujus vita inclyta cunctas illustrat Ecclesias.

Ant. 3. Regali ex progenie Maria exorta refulget, cujus precibus nos adjuvari mente et spiritu devotissime poscimus.

Psaume 121.

JE me suis réjoui de cette parole qui m'a été dite : Nous irons dans la maison du Seigneur.

Nous établirons notre demeure dans les parvis, ô Jérusalem.

Jérusalem, ville auguste; commune patrie des servi-

LÆTATUS sum in his quæ dicta sunt mihi : In domum Domini ibimus.

Stantes erant pedes nostri * in atriis tuis, Jerusalem.

Jerusalem, quæ ædificatur ut civitas, * cujus participatio ejus in idipsum.

Illuc enim ascenderunt tribus, tribus Domini ; * testimonium Israël, ad confitendum nomini Domini.

Quia illic sederunt sedes in judicio, * sedes super domum David.

Rogate quæ ad pacem sunt Jerusalem ; * et abundantia diligentibus te.

Fiat pax in virtute tua,* et abundantia in turribus tuis.

Propter fratres meos et proximos meos * loquebar pacem de te.

Propter domum Domini Dei nostri * quæsivi bona tibi.

Ant. 3. Regali ex progenie Maria exorta refulget cujus precibus nos adjuvari mente et spiritu devotissime poscimus.

Ant. 4. Corde et animo Christo canamus gloriam, in hac sacra solemnitate præcelsæ Genitricis Dei Mariæ.

teurs de Dieu, dont les diverses parties forment un tout admirable.

Là sont montées les tribus consacrées au Seigneur, pour rendre hommage à son nom selon la loi d'Israël.

Là sont placés les sièges de justice, les trônes de la maison de David.

Demandez la paix pour Jérusalem ; que ceux qui t'aiment, ô cité sainte, jouissent de toutes sortes de biens.

Que la paix règne dans tes remparts, et l'abondance dans tes palais.

Asile de mes frères et de mes amis, mes paroles sur toi étaient des paroles de paix.

La maison du Seigneur notre Dieu est dans ton enceinte ; c'est pourquoi j'ai appelé sur toi tous les biens.

Ant. 3. Marie brille par l'éclat d'une race royale : nous demandons instamment qu'elle daigne nous aider par ses prières.

Ant. 4. Chantons de tout notre cœur la gloire de Jésus-Christ, dans cette sainte fête de l'auguste Marie, Mère de Dieu.

Psaume 126.

Si le Seigneur ne bâtit lui-même la maison, c'est en vain que travaillent ceux qui la construisent.

Si le Seigneur ne garde lui-même la cité, c'est en vain que veille celui qui la garde.

Inutilement vous vous lèverez avant le jour, vous qui mangez le pain de la douleur, ne vous levez qu'après le sommeil.

Que Dieu donne à celui qu'il aime : les enfants sont un héritage qui vient du Seigneur ; la fécondité est une récompense.

Les enfants des opprimés seront comme les flèches dans une main puissante.

Heureux celui dont ils ont rempli les désirs : il ne sera pas confondu lorsqu'il répondra à ses ennemis dans les tribunaux d'Israël.

Ant. 4. Chantons de tout notre cœur la gloire de Jésus-Christ, dans cette sainte fête de l'auguste Marie, Mère de Dieu.

Ant. 5. Célébrons avec joie la naissance de la bienheureuse Marie, afin qu'elle intercède pour nous auprès de Notre-Seigneur Jésus-Christ.

Nisi Dominus ædificaverit domum, * in vanum laboraverunt qui ædificant eam.

Nisi Dominus custodierit civitatem, * frustra vigilat qui custodit eam.

Vanum est vobis ante lucem surgere * surgite postquam sederitis qui manducatis panem doloris.

Cum dederit dilectis suis somnum : * ecce hæreditas Domini, filii ; merces, fructus ventris.

Sicut sagittæ in manu potentis, * ita filii excussorum.

Beatus vir qui implevit desiderium suum ex ipsis, * non confundetur, cum loquetur inimicis suis in porta.

Ant. 4. Corde et animo Christo canamus gloriam, in hac sacra solemnitate præcelsæ Genitricis Dei Mariæ.

Ant. 5. Cum jucunditate nativitatem beatæ Mariæ celebremus, ut ipsa pro nobis intercedat ad Dominum Jesum Christum.

Psaume 147.

Lauda, Jerusalem, Dominum : * lauda Deum tuum, Sion ;

Quoniam confortavit seras portarum tuarum ; * benedixit filiis tuis in te ;

Qui posuit fines tuos pacem, * et adipe frumenti satiat te ;

Qui emittit eloquium suum terræ, * velociter currit sermo ejus ;

Qui dat nivem sicut lanam, * nebulam sicut cinerem spargit.

Mittit crystallum suam sicut bucellas : * ante faciem frigoris ejus quis sustinebit ?

Emittet verbum suum, et liquefaciet ea * flabit spiritus ejus, et fluent aquæ.

Qui annuntiat verbum suum Jacob, * justitias et judicia sua Israël.

Non fecit taliter omni nationi, * et judicia sua non manifestavit eis.

Ant. 5. Cum jucunditate nativitatem beatæ Mariæ celebremus, ut ipsa pro nobis intercedat ad Dominum Jesum Christum.

JÉRUSALEM, louez le Seigneur : Sion, louez votre Dieu ;

Car il a fortifié les barrières de vos portes : il a béni les enfants nés au milieu de vous.

Il a établi la paix sur vos frontières ; il vous nourrit du froment le plus pur.

Il envoie sa parole, et sa parole parcourt rapidement la terre.

Il fait tomber la neige comme des flocons de laine, et il répand les frimas comme la poussière.

Il couvre la terre de glace : qui pourrait alors résister aux rigueurs d'un froid extrême.

Il commande, et la glace se fond : le vent du midi souffle, et les eaux s'écoulent.

Il annonce ses oracles à Jacob, sa loi et ses jugements à Israël.

Il n'a pas agi de même avec toutes les nations, et il ne leur a pas manifesté ses ordonnances.

Ant. 5. Célébrons avec joie la naissance de la bienheureuse Marie, afin qu'elle intercède pour nous auprès de Notre-Seigneur Jésus-Christ.

Capitule. J'ai été créée dès le commencement et avant les siecles ; je ne cesserai point d'être dans la suite des âges ; j'ai exercé mon ministère devant le Seigneur dans la maison sainte.

HYMNE.

Je vous salue, étoile de la mer, auguste mère de Dieu, et toujours vierge, porte fortunée du ciel.

Vous qui avez agréé le salut de l'ange Gabriel, daignez, en changeant le nom d'Eve, nous établir dans la paix.

Brisez les fers des coupables, rendez la lumière aux aveugles, chassez loin de nous tous les maux, demandez pour nous tous les biens.

Montrez que vous êtes notre mère, et qu'il reçoive par vous nos prières, celui qui, né pour nous, a bien voulu être votre fils.

Vierge incomparable, douce entre toutes les Vierges, obtenez-nous, avec le pardon de nos fautes, la douceur et la chasteté.

Obtenez-nous une vie pure, écartez de notre chemin tout danger, afin qu'admis à contempler Jésus nous goutions les joies éternelles.

Louange à Dieu le Père, louange à Jésus-Christ Notre Seigneur, louange au Saint-Esprit : qu'un

Ave, maris stella,
Dei Mater alma,
Atque semper virgo,
Felix cœli porta.

Sumens illud Ave,
Gabrielis ore,
Funda nos in pace,
Mutans Hevæ nomen.

Solve vincla reis,
Profer lumen cæcis,
Mala nostra pelle,
Bona cuncta posce.

Monstra te esse Matrem;
Sumat per te preces,
Qui, pro nobis natus,
Tulit esse tuus.

Virgo singularis,
Inter omnes mitis,
Nos culpis solutos,
Mites fac et castos.

Vitam præsta puram,
Iter para tutum;
Ut videntes Jesum,
Semper collætemur.

Sit laus Deo Patri,
Summo Christo decus,
Spiritui sancto,
Tribus honor unus.

Amen.

℣. Nativitas est hodie sanctæ Mariæ Virginis.

℟. Cujus vita inclyta cunctas illustrat Ecclesias.

même et souverain homma-ge soit rendu à la sainte Trinité. Ainsi soit-il.

℣. Nous célébrons aujourd'hui la naissance de la bienheureuse Vierge Marie,

℟. Dont la glorieuse vie honore les Eglises.

A MAGNIFICAT.

Ant. Nativitas tua. Dei Genitrix Virgo, gaudium annuntiavit universo mundo : ex te enim ortus est Sol justitiæ, Christus Deus noster, qui solvens maledictionem, dedit benedictionem : et confundens mortem, donavit nobis vitam sempiternam.

Ant. Votre naissance, ô Vierge Mère de Dieu, a annoncé à l'univers le bonheur qu'il allait avoir : car de vous est né le Soleil de justice, Jésus-Christ notre Dieu, qui, nous délivrant de la malédiction, nous a apporté la bénédiction, et, triomphant de la mort, nous a donné la vie éternelle.

CANTIQUE A LA SAINTE VIERGE

MAGNIFICAT * anima mea Dominum,

Et exultavit spiritus meus : * in Deo salutari meo;

Quia respexit humilitatem ancillæ suæ : * ecce enim ex hoc beatam me dicent omnes generationes;

Quia fecit mihi magna qui potens est : * et sanctum nomen ejus.

Et misericordia ejus a progenie in progenies: * timentibus eum.

Fecit potentiam in bra-

MON âme glorifie le Seigneur,

Et mon esprit est ravi de joie en Dieu mon Sauveur;

Parce qu'il a regardé la bassesse de sa servante : car désormais tous les siècles m'appelleront bienheureuse;

Pour les grandes choses que le Tout-Puissant a faites en ma faveur : son nom est saint.

Et sa miséricorde se répand de race en race sur ceux qui le craignent.

Il a déployé la force de

son bras ; il a dissipé les desseins que les superbes forment dans leurs cœurs.

Il a renversé les grands de leurs trônes, et il a élevé les petits.

Il a rempli de biens ceux qui souffraient la faim : et il a renvoyé vides et pauvres ceux qui étaient riches.

Il a pris sous sa protection Israël son serviteur, se ressouvenant de sa miséricorde.

Selon la promesse qu'il a faite à nos pères. à Abraham et à sa postérité pour toujours.

Ant. Votre naissance, ô Vierge Mère de Dieu, a annoncé à l'univers le bonheur qu'il allait avoir ; car de vous est né le Soleil de justice, Jesus-Christ notre Dieu, qui. nous délivrant de la malédiction, nous a apporté la bénédiction, et, triomphant de la mort, nous a donné la vie éternelle.

℣. Le Seigneur soit avec vous.

℟. Et avec votre esprit.

chio suo : * dispersit superbos mente cordis sui.

Deposuit potentes de sede : * et exaltavit humiles.

Esurientes implevit bonis : * et divites dimisit inanes.

Suscepit Israel puerum suum :* recordatus misericordiæ suæ.

Sicut locutus est ad patres nostros : * Abraham et semini ejus in sæcula.

Ant. Nativitas tua. Dei Genitrix Virgo, gaudium annuntiavit universo mundo : ex te enim ortus est Sol justitiæ, Christus Deus noster, qui solvens maledictionem, dedit benedictionem : et confundens mortem, donavit nobis vitam sempiternam.

℣. Dominus vobiscum.

℟. Et cum spiritu tuo.

Oraison. Daignez, Seigneur, accorder à vos serviteurs le don de la grâce céleste, afin que la solennité de la Nativité de la sainte Vierge, dont l'enfantement a été pour nous le principe du salut, nous obtienne un accroissement de paix. Par N.-S. J.-C.

℣. Dominus vobiscum,

℟. Et cum spiritu tuo.

℣. Benedicamus Domino.

℟. Deo gratias.

℣. Fidelium animæ per misericordiam Dei requiescant in pace.

℟. Amen.

℣. Le Seigneur soit avec vous,

℟. Et avec votre esprit.

℣. Bénissons le Seigneur.

℟. Rendons grâces à Dieu.

℣. Que les âmes des fidèles reposent en paix.

℟. Ainsi soit-il.

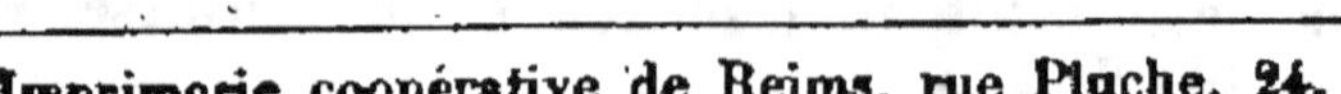

Imprimerie coopérative de Reims, rue Pluche, 24.

REIMS
IMP. COOPÉRATIVE
Rue Pluche, 24